À Marine, ma fille.

© 1995, l'école des loisirs, Paris
Loi numéro 49 956 du 16 juillet 1949 sur les publications
destinées à la jeunesse : mars 1995
Dépôt légal : mars 1995
Imprimé en France par Mame à Tours

Mireille d'Allancé

L'anniversaire de Boudinette

l'école des loisirs
11, rue de Sèvres, Paris 6ᵉ

Aujourd'hui, à l'occasion de son anniversaire,
Boudinette a invité ses amis.

Voilà Gaspar,
suivi des jumelles Anémone et Prunelle.
« Entrez vite », dit Boudinette, « il y a une surprise. »
« Une surprise ? »

Et, dans la chambre :
« Tu vois ce coffre, Gaspar, ouvre-le ! »

« Oh, ça brille ! »
« Des tissus de toutes les couleurs ! »
« Des chaussures à talons ! »

Prunelle a trouvé une couronne toute en or.
Elle aimerait l'essayer.
« Donne-la-moi », dit Boudinette,
« je vais me déguiser en reine. »

De son côté, Anémone a déniché un jupon.
« Oh ! Qu'il est joli, c'est pour moi », dit Boudinette.
« Et moi alors », demande Anémone, « je mets quoi ? »
« Toi, tu mets le tablier à carreaux, il est super ! »

« Allez, en route, on va dans le jardin », lance Gaspar.
« Attendez », dit Boudinette,
« il faut qu'on me porte ma traîne. »

« Gaspar, viens la porter, s'il te plaît ! »
« T'es malade ? Un chevalier, ça porte pas de traîne ! »
« Si. Je suis la reine, tu es obligé. »

Gaspar s'élance vers le jardin.
« Reste ici, Gaspar, tu dois obéir à la reine, tu entends ? »
Mais Gaspar est déjà loin.

Furieuse, Boudinette se jette par terre.
« J'irai pas jouer avec eux, voilà.
En plus, je vais tout dire à maman ! »

Et, dans la cuisine : « … Tu te rends compte
de ce qu'ils m'ont fait, maman ? »
« Je ne comprends rien à tes histoires », dit maman,
« débrouille-toi toute seule ! »

Vexée, Boudinette marche à grands pas vers le jardin,
se plante devant Prunelle et s'écrie :
« Viens porter ma traîne, c'est maman qui l'a dit ! »

Mais Gaspar surgit par derrière et arrache la traîne.
« Au secours ! » hurle Boudinette.

« Hou… Hou, c'est moi le fantôme »,
fait Gaspar, caché sous la traîne.
Les jumelles s'amusent bien.
« Attrape-nous Gaspar, attrape-nous ! »

Dans son coin, Boudinette s'ennuie.
« Ça va durer longtemps, leur jeu stupide ? »

Mais soudain : « Hop ! J'en tiens une.
Je sens une couronne… Ah ! C'est Boudinette ! »
Gaspar enlève la traîne et la tend à Boudinette.
« À toi de faire le fantôme ! »

Boudinette met la traîne et avance à tâtons.
« Attention », crient les jumelles,
« une grosse pierre devant toi ! »

Trop tard ! Boudinette s'étale.
Sa couronne roule dans l'herbe.
« Oh, tu t'es fait mal ? » demande Gaspar.
« Je ne sais pas », dit Boudinette.
« Mais écoutez… vous entendez ?

C'est maman
qui nous appelle pour le goûter. »
« Allons-y », s'écrient les jumelles,
« on a faim ! »

Les quatre amis se retrouvent
autour du gâteau d'anniversaire.

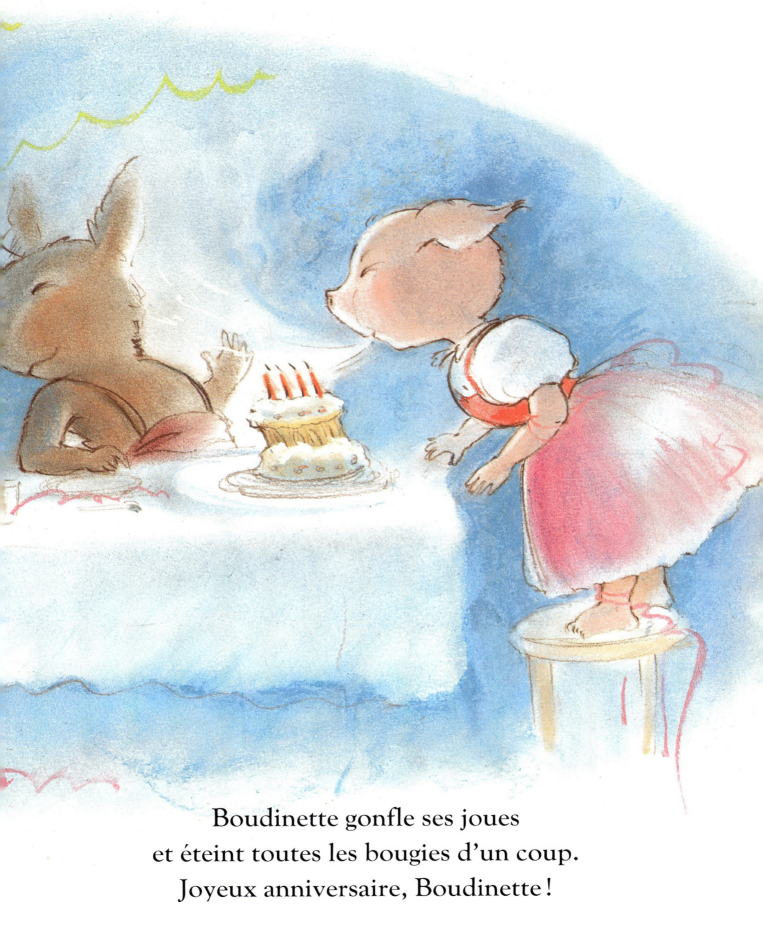

Boudinette gonfle ses joues
et éteint toutes les bougies d'un coup.
Joyeux anniversaire, Boudinette !